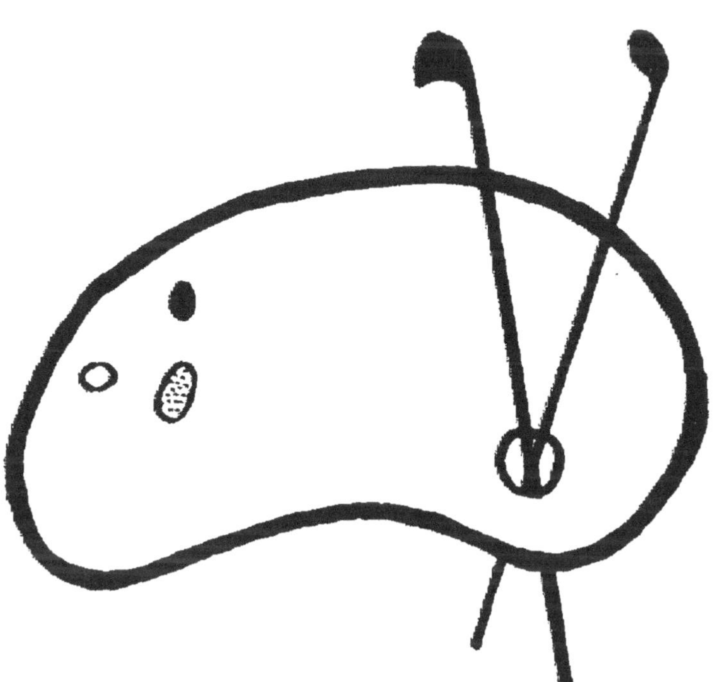

DEBUT D'UNE SERIE DE DOCUMENTS
EN COULEUR

NOTE

SUR

QUELQUES PAROISSES

DE

L'ANCIEN DIOCÈSE DE SENS

PAR

Paul QUESVERS

MEMBRE CORRESPONDANT DE LA SOCIÉTÉ ARCHÉOLOGIQUE DE SENS

SENS

POULAIN-ROCHER, LIBRAIRE

Rue de Lorraine, 7

—

1893

FONTAINEBLEAU. — E. Bourges, imp. breveté.

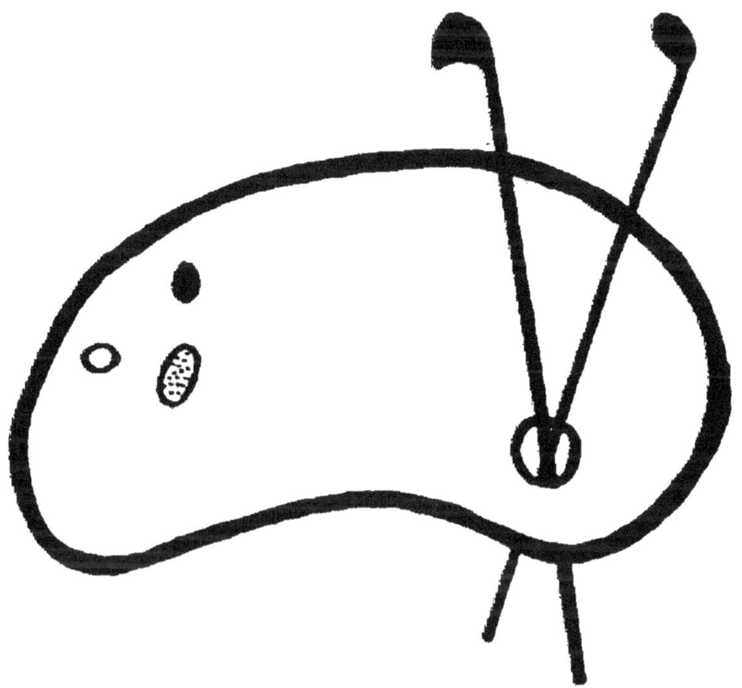

FIN D'UNE SERIE DE DOCUMENTS
EN COULEUR

NOTE

SUR QUELQUES PAROISSES

DE

L'ANCIEN DIOCÈSE DE SENS

FONTAINEBLEAU. — E. Bourges, imp. breveté.

NOTE

SUR

QUELQUES PAROISSES

DE

L'ANCIEN DIOCÈSE DE SENS

PAR

Paul QUESVERS

MEMBRE CORRESPONDANT DE LA SOCIÉTÉ ARCHÉOLOGIQUE DE SENS

SENS

POULAIN-ROCHER LIBRAIRE

Rue de Lorraine, 7

—

1893

A M. Alfred TONNELLIER

Avocat,

Membre de la Société archéologique de Sens,

Ancien juge de paix de Montereau.

Mon cher Ami,

C'est vous qui m'avez fait admettre au nombre des membres correspondants de cette vieille Société archéologique de Sens qui va, l'an prochain, fêter son cinquantenaire; c'est vous également qui m'avez engagé à lire, dans la séance du 5 juin dernier, ce mémoire un peu sec, un peu aride, mais qui vous a intéressé cependant, parce qu'il y est question de votre cher Sénonais.

Je vous devais donc la dédicace de mon petit travail, à vous qui, pendant que je me plonge dans le vieux temps, vous occupez avec tant de dévouement de surveiller l'instruction et l'éducation des générations nouvelles; j'ajoute que c'est pour moi un véritable plaisir d'inscrire en tête de ces quelques pages, votre nom, car il me rappelle les bonnes heures qu'ensemble nous avons passées à Montereau, à Montereau où vous avez laissé de si bons souvenirs et où vous n'avez jamais été remplacé.

A vous bien cordialement.

Paul QUESVERS.

Montereau-fault-Yonne, le 17 septembre 1893.

NOTE

QUELQUES PAROISSES

L'ANCIEN DIOCÈSE DE SENS

E travail que j'ai entrepris, avec M. H. Stein, archiviste aux Archives nationales, sur les *Inscriptions de l'ancien diocèse de Sens*, m'a amené à m'occuper des archidiacres et des archiprêtres, ainsi que des pays soumis à leur juridiction spirituelle. Comme conséquence, j'ai dû également m'occuper des paroisses dont Quantin a, d'après le *Liber Sacramentorum*, manuscrit de la bibliothèque de Stockholm, donné la nomenclature, pp. LXV et suivantes de l'Introduction au tome II du *Cartulaire de l'Yonne*.

Il convient de faire remarquer tout d'abord que Quantin, ou plutôt Geffroy, qui a communiqué une copie du ms. de Stockholm à l'archiviste de l'Yonne, a commis une erreur en fixant au IXe siècle l'époque de la rédaction de cette nomenclature. Il résulte, en effet, d'une savante dissertation de M. Léopold Delisle, insérée dans le t. XXXII, 1re partie, pp. 57-423 des *Mémoires de l'Académie des Inscriptions et Belles-Lettres*, que si le *Liber Sacramentorum* est bien du IXe siècle, les passages qui concernent le diocèse de Sens sont seulement des Xe et XIe siècles.

Ce précieux manuscrit, écrit suivant M. Delisle, vers l'an 860, pour l'abbaye de St Amand, mais approprié plus tard à l'usage de la cathédrale de Sens, dut passer à cette église dans les premières années du Xe siècle et divers indices portent à croire que Gautier Ier, archevêque de Sens, le trouva dans la succession de son oncle Gautier, évêque d'Orléans.

Ce qu'il y a de certain, c'est qu'une des premières notes ajoutées au texte du *Sacramentaire* (au bas du f° 1 v°), fixe la date du sacre de Gautier Ier (887) et celle du sacre de son neveu Gautier II (924). On remarque encore les additions suivantes :

Au f° 20 v°, la formule des paroles qu'on adressait à l'archevêque en lui remettant le bâton pastoral ;

Au f° 28, l'addition de Savinien et de Potentien à la liste des saints invoqués pendant la célébration de la messe ;

Ailleurs, un catalogue des archevêques de Sens, le serment prêté à l'archevêque par un abbé de St Jean et une abbesse de La Pommeraie, diverses autres additions de faits relatifs à l'histoire ecclésiastique de la ville de Sens ;

Enfin, et c'est sur ce point spécial que je veux attirer l'attention, on trouve aux ff^{os} 3 v° et 4 v°, une liste de diverses églises de l'ancien diocèse de Sens.

Malheureusement cette liste que Quantin et Geffroy qu'il a copié, font remonter au IXe siècle, et que M. Delisle affirme être incontestablement du XIe, malheureusement cette liste n'est pas complète : elle ne donne, en effet, que les paroisses comprises dans l'ancien *pagus Senonensis* dont les divisions devinrent, par la suite, exactement les mêmes que celles de l'archidiaconé de Sens ou Grand archidiaconé. Mais tel qu'il est, et quel que soit son âge, ce document est fort intéressant, tant au point de vue des doyennés ruraux, appelés *Ministeria* dans le texte, qu'au point de vue de certaines paroisses aujourd'hui inconnues, ou mal identifiées par Quantin.

Je viens de dire que les doyennés ruraux sont appelés *Ministeria* dans le ms. de Stockholm, mais les trois prêtres dont je parlerai tout à l'heure sont-ils bien des doyens ruraux dans le sens attaché à cette fonction par la langue ecclésiastique depuis le xiv⁰ siècle ? Ces trois prêtres que notre ms. a oublié de qualifier ne seraient-ils pas plutôt des archidiacres ou des archiprêtres ? La question des archidiacres et des archiprêtres à qui, selon moi, succédèrent les doyens ruraux, est assez compliquée et je demande la permission d'en dire quelques mots.

Les archidiacres paraissent avoir existé dès les premiers temps de l'Église, et saint Augustin n'hésite pas à donner cette qualité à saint Étienne, parce que saint Luc le nomme le premier des sept diacres[1]. Le premier qui soit connu, dans le diocèse de Sens, est Moschardinus qui, en l'an 519, souscrivit le testament de Théodechilde, petite-fille de Clovis I⁰ʳ et fondatrice de Sᵗ Pierre-le-Vif[2]. On trouve ensuite :

---

1. *Acta apostolorum*, cap. vi, v. 5.
2. Quantin, *Cartulaire de l'Yonne*, t. I, p. 5.

En 613, Ravengisilus[1], mentionné dans la vie de saint Loup, archevêque de Sens[2];

Et en 711, Andegangus[3] qui fut témoin à la donation faite par Ingoara. sœur de saint Ebbon, à l'abbaye de St Pierre-le-Vif[4].

Il n'y avait alors, je le crois, qu'un archidiacre par diocèse; il était, pour ainsi dire, le coadjuteur de l'évêque et ce ne dut être qu'au xe siècle, lorsque les paroisses se furent multipliées, qu'on divisa le diocèse en archidiaconés[5]. Ce qu'il y a de certain, c'est que c'est seulement vers 960 qu'on rencontre, mentionnés simultanément, plusieurs archidiacres dans le diocèse de Sens[6].

On lit, en effet, dans la vie de Gui Ier, évêque d'Auxerre (933-961), qu'il exigea qu'Archembaud, archevêque de Sens (959-968) enjoignît à ses coévêques, à ses archidiacres et à ses chanoines de signer un acte intervenu entre lui et son métropolitain

---

1. *Aliàs* Ragnegesilus et Ragnesilus.

2. L'abbé Duru, *Bibliothèque historique de l'Yonne*, t. I, pp. 237 et 244.

3. Gaudegengus dans Quantin, *Cartulaire de l'Yonne*, t. I. n. 23.

4. L'abbé Duru, *op. cit.*, t. II, p. 575.

5. Il n'y eut de même qu'un seul archidiacre dans le diocèse d'Auxerre, jusqu'au xiie siècle, époque à laquelle on créa un second archidiaconé; cf. l'abbé Lebeuf, *Mémoires concernant l'histoire ecclésiastique d'Auxerre*, pp. 747 et 774.

6. Cependant on trouve encore, après cette époque, plusieurs archidiacres figurant seuls dans certains actes : en 996, Ragenoldus (Concile de Sens publié dans la *Bibliothèque historique de l'Yonne*, t. II, p. 287); en l'an 1000. Léotheric qui devint archevêque de Sens (*Bibliothèque historique de l'Yonne*, t. II, p. 398, et *Gallia christiana*. t. XII, col. 34 ᴇ); en 1015, Frodo et Rainaudus, fils de Fromond, comte de Sens, tous deux cités par Clarius dans sa Chronique (*Bibliothèque historique de l'Yonne*, t. II, pp. 498 et 502); vers 1045, Hugo « sanctæ matris ecclesiæ Senonensis « archidiaconus », à qui Odoranne adresse une lettre (*Bibliothèque historique de l'Yonne*, t. II, p. 430), etc., etc.

« coepiscoporum suorum manibus corrobari popos-
» cit ac archiaconorum suorum, Prodagii, Bernardi
» et Teoderici, ceterorumque canonicorum nomini-
» bus corrobari precepit » [1].

Un peu plus tard, en 930, dans une charte de Sevin, en faveur de St Pierre-le-Vif, on trouve encore deux archidiacres nommés ensemble; cette fois, la juridiction de chacun d'eux est nettement déterminée :

Theodoricus hujus sedis (*Senonensis*) archidiaconus;

Albericus, *Waslinensis* archidiaconus [2].

Au siècle suivant, les cinq archidiaconés qui ont existé jusqu'à la Révolution dans le diocèse de Sens sont créés, si même ils ne l'ont pas été antérieurement. Les cinq archidiacres sont, en effet, nommés dans une charte donnée en avril 1063, par Richer en faveur de l'abbaye de St Pierre-le-Vif. Au bas de cette charte, on lit les noms suivants, tous écrits, du reste, de la main du chancelier : « Hulduinus, archi-
» diaconus; Gausbertus, archidiaconus et præposi-
» tus; Harduinus, archidiaconus; Odo, archidiaco-
» nus, et Bernuinus, archidiaconus et cancellarius » [3].

Quelques années après, en avril 1072, une autre charte de Richer, adressée à Gerbert, abbé de St Pierre-le-Vif, mentionne encore les cinq archidiacres

---

1. L'abbé Duru, *op. cit.*, t. I, pp. 379 et 380. — Gui étant mort en 961 et Archembaud n'étant monté sur le trône épiscopal de Sens qu'en 959, cet acte est évidemment de 960.

2. Quantin, *Cartulaire de l'Yonne*, t. I, p. 150.

3. *Archives de l'Yonne*, II. 235. — Cette charte a été publiée par Quantin dans son *Cartulaire de l'Yonne*, t. I, pp. 184 à 186.

du diocèse; je donne leurs noms car quelques-uns avaient changé depuis neuf ans : « Hilduinus, archi- » diaconus; Herbertus, archidiaconus; Rotbertus, » archidiaconus; Bernardus, archidiaconus et Ber- » nuinus, cancellarius et archidiaconus »[1].

En 1031, la donation faite par Richer, de l'église de St Bond aux moines de St Remi de Sens, donne encore cinq archidiacres : « Hilduinus, Gosbertus, » Heribertus, Walterus et Cornelius »[2].

Je crois donc être fondé à dire que les archidiacres mentionnés dans ces diverses chartes, sont les titu- laires des cinq archidiaconés qui subsistèrent jusqu'à la Révolution, et comme on connaît exactement le territoire de chacun de ces archidiaconés, il s'ensuit que les trois prêtres cités par le ms. de Stockholm n'étaient pas des archidiacres. C'était, à mon avis, des dignitaires d'un ordre inférieur, c'est-à-dire des archiprêtres, car, chose singulière, l'archidiacre qui, ainsi que son nom l'indique, était primitivement dans la hiérarchie ecclésiastique, d'un rang au-dessous du prêtre, puisqu'il cessait d'être archidiacre lorsqu'il recevait l'ordre de la prêtrise, l'archidiacre, dis-je, finit par devenir le supérieur de l'archiprêtre. Et le mot même d'archiprêtre finit par disparaître, rem- placé par celui de doyen rural.

Il y avait, dans les temps anciens, des archiprêtres urbains et des archiprêtres ruraux, et « il en est sou-

---

1. L'abbé Duru, *op. cit.*, t. II. p. 569.

2. Quantin, *Cartulaire de l'Yonne*, t. I, p. 197. — Cf. aussi l'abbé Duru, *op. cit.*, t. II, p. 513 : En 1096, « Helduino, archidiacono et reliquis archi- » diaconis ».

» vent question dans Grégoire de Tours. On les
» voit sous Louis le Pieux, chargés spécialement de
» *la surveillance de plusieurs paroisses*, et sous
» Charles le Chauve, distribués régulièrement dans
» les diverses parties du diocèse, où ils desservent
» un doyenné. De là est venue la confusion, souvent
» admise par les conciles et les meilleurs auteurs,
» entre l'archiprêtre et le doyenné, entre le titre et
» la chose. *Les attributions des archiprêtres consis-*
» *taient à surveiller les paroisses placées dans*
» *leurs circonscriptions et les prêtres attachés à*
» *ces paroisses* ».

On voit les archiprêtres apparaître, pour la première fois, dans le diocèse de Sens, en 1063, dans
la charte de Richer dont j'ai parlé tout à l'heure.
A la suite des cinq archidiacres que j'ai cités, on
remarque les noms de trois archiprêtres : « Fulche-
» rius[1], Archenfredus et Herbertus ». Dans la charte
de 1072, figurent dix archiprêtres : « Archenfridus,
» Fulcherius, Gosbertus, Arembertus, Erbertus,
» Ato, Valterius, Godefridus, Odo, et Hildebertus »[2].
Enfin, la charte de 1081 donne seulement les noms
de sept archiprêtres : « Gimbertus, Girardus, Ar-
» chenfredus, Godefridus, Gosfridus, Robertus et
» Stephanus »[3].

Je crois donc que ce sont des archiprêtres ou

---

1. Dans le texte de la charte Quantin a écrit Pulcherius.

2. L'abbé Duru, *op. cit.*, t. II, p. 569.

3. Aucun des noms des archiprêtres donnés par ces trois chartes ne
figurant sur le ms. de Stockholm, je serais assez porté à en conclure que
l'addition concernant les *Ministeria* du diocèse de Sens, est de la première
moitié du XIe siècle.

doyens ruraux qui, dans le ms. de Stockholm, sont chargés des *Ministeria* et il convient, en outre, de faire remarquer que deux de ces *Ministeria* ont exactement les mêmes limites que conservèrent, jusqu'à la Révolution, les doyennés de Trainel et de Marolles. Mais une chose m'a plus frappé encore. Chacun des trois prêtres chargés de la surveillance des paroisses existant alors dans le *pagus Senonensis*, le seul *pagus* de l'ancien diocèse de Sens, dont le ms. donne les paroisses, chacun de ces trois prêtres a une circonscription nettement déterminée par les grandes routes qui avaient succédé aux anciennes voies romaines.

Le premier dont le nom a été malheureusement déchiré sur le ms¹, a, dans sa juridiction, toutes les paroisses situées au nord-est de Sens, dans l'angle droit formé au midi par la voie romaine de Sens à Troyes et, à l'ouest, par celle de Sens à *Riobe*, aujourd'hui Châteaubleau (Seine-et-Marne). Il n'est fait d'exception que pour les paroisses de Cuy, Sergines et Mouy-lez-Bray, qui sont toutes trois à gauche de cette dernière route, mais à une distance insignifiante. Il est bon de faire remarquer de nouveau que cette division qui formait l'ancien doyenné de Trainel a existé, telle quelle, jusqu'à la Révolution.

Le deuxième que Quantin nomme *Elavius*, mais qui, en réalité s'appelait Flavius, avait sous sa juridiction toutes les paroisses situées au nord-ouest de

---

1. De plus, d'après M. Delisle, les noms Beraldus, Johannes et Eldoerius, donnés par Quantin d'après Geffroy, n'existent pas sur le ms.

Sens, dans l'angle droit formé au midi par la voie romaine de Sens à Orléans et, à l'ouest, par celle de Sens à *Riobe;* c'est, sauf *Sanctus Martinus*, St Martin-du-Tertre, et *Nahillei*, Nailly, la division telle qu'elle a existé jusqu'à la Révolution, de l'ancien doyenné de Marolles.

Enfin, le troisième que Quantin nomme *Frederarius* et qui se nommait réellement Frederadus, avait sous sa juridiction toutes les paroisses situées au midi de la grande voie d'Orléans à Troyes, mais elle ne comprenait que les paroisses du *pagus Senonensis* et était bornée à l'est, par les diocèses de Troyes et de Langres, au midi par le diocèse d'Auxerre et, à l'ouest par le *pagus Wastinensis* qui, lui aussi, faisait comme on le sait, partie du diocèse de Sens. Cette troisième circonscription s'est subdivisée plus tard pour former, jusqu'à la Révolution, les doyennés de Vanne, de St Florentin et de Courtenay.

Ces observations sur les archidiacres et les archiprêtres m'ont entraîné un peu loin; je voudrais maintenant examiner les noms de différentes paroisses de ces trois circonscriptions, proposer quelques rectifications au travail de Quantin et *hasarder* quelques hypothèses sur certaines paroisses qu'il n'a pas identifiées.

I

Pour la première circonscription, celle qui est
devenue l'ancien doyenné de Trainel, nous n'avons
pas le nom de l'archiprêtre ou doyen rural, car le ms.
de Stockholm donne seulement :

Nomina Ecclesiarum Senonum, de Ministerio...

Je laisse de côté les paroisses pour lesquelles
l'identification n'est pas douteuse, pour ne m'occuper
que de celles, ou qui ont été mal identifiées, ou qui
ne l'ont pas été du tout.

[O]RUSA et .....TEM ORUSA

Quantin a identifié avec un ? [O]rusa par La
Chapelle-sur Oreuse et il n'a pas cherché à identifier
.....*tem Orusa*. Pas de doute cependant pour la
première identification. Quant à .....*tem Orusa*, il
me semble qu'on peut, sans crainte de se tromper,
l'identifier avec une paroisse aujourd'hui disparue,
S¹ Germain-sur-Oreuse, qui était placée sur une
montagne au-dessus de l'Oreuse, [*Mon*] *tem Orusa*,
et non loin de La Chapelle-sur-Oreuse. En effet
S¹ Germain-sur-Oreuse est cité :

1° Dans un privilège d'Adrien IV pour l'abbaye
de S¹¹ Colombe, en date du 15 novembre 1157 :
« ecclesiam sancti Germani »... et ... « villam sancti
» Germani super Orosam »[1];

---

1. *Archives de l'Yonne*, II. 1 (Bibliothèque de Sens). — Ce privilège a
été publié par Quantin, *Cartulaire de l'Yonne*, t. II, pp. 86 et ss.

2° Dans une charte de Michel de Corbeil, archevêque de Sens, en date de janvier 1197 : « ecclesia
» Sancti Germani, cum Capella super Orosam quæ
» est de Sancto Laurentio »[1];

L'église S' Germain devint déserte par suite de
l'abandon du village par les habitants qui descen-
dirent peu à peu dans la vallée, sur le bord de
l'Oreuse, au village où existait la chapelle S' Laurent,
chapelle qui, érigée en cure, finit par remplacer
l'église de S' Germain. Ce qui le démontre, c'est que
dans les *Pouillés anciens* du diocèse de Sens, on ne
trouve mentionnée que la cure de La Chapelle,
« Capella super Orosam »[2]. De plus, on lit ce qui
suit dans l'*Almanach de Sens de 1789*, pp. 47 et 48 :
« Au midi de la paroisse de La Chapelle-sur-Oreuse,
» en tirant un peu à l'ouest, sur une montagne fort
» élevée, est une autre chapelle sans revenu, dite de
» S. Germain. Son enceinte formoit autrefois le
» cimetière de La Chapelle-sur-Oreuse. Il y a lieu
» de croire que plus anciennement, c'étoit l'église
» paroissiale et que l'église actuelle n'étoit alors
» qu'une chapelle simple ».

Les ruines de cette chapelle existaient encore
en 1851[3].

---

1. Quantin, *Cartulaire de l'Yonne*, t. II, p. 484.

2. Cependant l'abbé de S" Colombe maintint ses droits de collateur
sur cette église, pendant plusieurs siècles, car en 1615, on fit constater que
la messe y avait été célébrée par un religieux de S" Colombe (*Archives
de l'Yonne*, H. 130).

3. *Bulletin de la Société archéologique de Sens*, t. II, p. 22.

[SA]UCEIA

Quantin identifie cette paroisse avec Soucy, mais cette identification ne me satisfait que médiocrement. En effet, outre qu'étymologiquement parlant, le suffixe *-ceia* ne peut se changer qu'en *ée* et non en *y*, on a de nombreux textes qui désignent cette paroisse sous des noms qui ont logiquement donné Soucy. C'est ainsi qu'on trouve *Soci*, en 1159, dans une charte d'Hugues de Toucy, archevêque de Sens, pour l'abbaye de St Remi de Sens[1], *Sochi*, dans une confirmation de la charte précédente faite, en 1176, par Guillaume de Champagne[2], et *Sociacum*, en 1163, dans une bulle d'Alexandre III, en faveur du Chapitre de Sens[3].

Sauceia se trouvant dans la première circonscription, je serais assez disposé à l'identifier avec la *villa* de *Sanceias*, près de Sens, où existait un prieuré consacré à saint Sanctien, prieuré mentionné dans le privilège donné, en 980, par Sevin à l'abbaye de St Pierre-le-Vif et dont je vous ai déjà parlé : « in villa quæ dicitur *Sanceias*, altare quod » est in honore sancti Sanctiani »[4]. Il est encore question de ce pays :

---

1. Quantin, *Cartulaire de l'Yonne*, t. II, p. 104.

2. *Gallia christiana*, t. XII, col. 52.

3. *Archives de l'Yonne*, G. 137 (Bibliothèque de Sens). — Cette charte a été publiée par Quantin, *Cartulaire de l'Yonne*, t. II, p. 153. — V. aussi le t. II, p. 180.

4. Sur la carte du *pagus* de Sens, qu'il a annexée au t. II du *Cartulaire de l'Yonne*, Quantin a placé *Sanceias* au midi de Sens et de la voie de

1° Dans r~ ~rivilège du pape Alexandre III, du 23 janvier 11~~, en faveur de la même abbaye de S¹ Pierre-le-Vif : « in villa quæ vocatur *Sanceias*, » altare sancti Sanctiani martyris »¹;

2° Et dans le *Livre des Revenus* de la même abbaye, publié par MM. Gustave Julliot et Maurice Prou, à la suite du *Livre des Reliques* de Geoffroy de Courlon : « vineam ad *Censeias* »².

Cependant, il est à remarquer qu'il ne paraît pas y avoir jamais eu de paroisse proprement dite dans ce pays, mais seulement un prieuré consacré à saint Sanctien. J'ai donc fini par accepter, provisoirement tout au moins, l'identification de Quantin; peut-être au surplus y a-t-il dans ce changement de *Sanceia* en Soucy, une bizarrerie philologique dont il serait possible de trouver quelque autre exemple.

SANCTUM LIBRUM

Quantin propose, timidement il est vrai, d'identifier ce pays avec S¹ Philibert près de Theil, mais de nombreuses raisons rendent cette identification inacceptable.

D'abord S¹ Philibert se trouve, non point au nord-est de Sens, dans la partie du diocèse comprise dans

---

Sens à Troyes : c'est une erreur. Ce lieu se trouvait au nord-est de Sens, sur le chemin de Saligny, à l'endroit où jusqu'à la Révolution, a existé une chapelle consacrée à sainte Béate, sœur de saint Sanctien.— Cf. *Recherches historiques et anecdotiques sur la ville de Sens*, par Théodore Tarbé, pp. 143 et 144, in-4°, Paris, Quantin, 1888.

1. Quantin, *Cartulaire de l'Yonne*, t. II, p. 215.

2. P. 208.

la première circonscription du *Liber Sacramentorum*, mais dans la troisième circonscription, celle du midi, qui était confiée à Frederadus. Ensuite, *Librum* n'a jamais pu, au point de vue étymologique, donner Philibertum. Enfin S¹ Philibert n'a jamais été une paroisse, mais un prieuré simple donné, en 1172, à Garmond, sixième abbé de S¹ Jean de Sens, par l'archevêque Guillaume de Champagne¹.

.....SINGIS et .....UNGIA

Je n'ai pas été plus heureux que Quantin et, malgré tous mes efforts, je n'ai pu identifier ces paroisses dont le *Liber Sacramentorum* nous a conservé seulement les dernières syllabes.

Au point de vue étymologique ces suffixes latins doivent donner les suffixes français *inges*, *ens*, *ins* et *anges*. Je ne vois, dans l'ancien diocèse de Sens, aucun village, aucun hameau dont le nom se termine à peu près ainsi, sinon peut-être *Servins*, commune de Pailly *et Bazoches-lez-Bray*, autrefois Bazoges. Mais je reconnais que ces identifications ne sont pas du tout satisfaisantes. .

Aussi, pour... *singis* et... *ungia*, je hasarde, mais très timidement, deux hypothèses.

Sɪɴɢɪs ne serait-il pas Sognes, un très vieux pays déjà mentionné, en 519, dans le testament de Théodechilde², et qu'on retrouve plus tard, en 1163, dans

---

1. *Gallia christiana*, t. XII, col.
2. *Cicania* (Quantin, *Cartulaire de l'Yonne*, t. I, p. 3).

une charte de Richer, archevêque de Sens, pour les religieux de S¹ Pierre-le-Vif ? Sixgis n'aurait-il pas été écrit pour Signis, par interversion de l'*n*, comme le scribe, dans la même addition au *Liber Sacramentorum*, a interverti l'*n* de Bligny en écrivant *Blangei* ?

Quant à... *ungia* ne serait-ce pas le nom de Compigny (*Compenniacum*[1] et *Compigniacum*)[2] que notre scribe aurait transformé en [Comp]ungia, comme il a transformé Bligny (*Blaniacum*[3] et *Bligniacum*)[4] en Blangei, Florigny (*Florigniacum*[5] et *Fleurigniacum*)[6] en Florengei, comme enfin il a transformé Thorigny (*Toriniacum*)[7] en Thorengia ?

VILLANOVA

Cette paroisse, placée dans le *Liber Sacramentorum*, entre *Moysei*, Mouy-lez-Bray et *Noviomo*, Noyen-sur-Seine, a été identifiée par Quantin, avec Villiers-sur-Seine, canton de Bray-sur-Seine, mais il fait suivre l'identification qu'il propose d'un ?. C'est prudent, car *Villanova* a toujours donné Villeneuve et jamais Villiers qui vient régulièrement de *Villaria*[9].

---

1. Ciconiæ (Quantin, *Cartulaire de l'Yonne*, t. I, p. 184).
2. En 1153 (Id., *id. id.*, t. I, p. 516).
3. En 1187 (*Gallia christiana*, t. XII, Instr. col. 362).
4. En 1190 (Quantin, *Cartulaire de l'Yonne*, t. II, p. 420).
5. En 1273 (Id., *Répertoire archéologique de l'Yonne*, p. 14).
6. En 1223 (Id., *Recueil de pièces*, p. 157).
7. En 1287 (*Archives de l'Yonne*, H. 787).
8. Entre 1143 et 1158 (Quantin, *Cartulaire de l'Yonne*, p. 59) et en 1167 (Id., *id. id.*, pp. 193 et 195).
9. Pourquoi Villanova ne serait-il pas tout simplement Villeneuve-l'Archevêque qui n'a pris ce surnom qu'au xiiiᵉ siècle et qu'on trouve nommée *Villanova* en 1163 (*Cartulaire de l'Yonne*, t. II, p. 155), *Nova-Villa* en 1172 (*Id. id.*, id. id., p. 238), et *Ville-Nove-super-Vennam* en 1177 ? (*Id. id.*, id. id., p. 292).

[FO]NTANAS

Quantin a identifié ce pays avec Fontaine-la-Gaillarde, canton de Sens, mais je préfère Fontaine-Fourches, canton de Bray-sur-Seine, car le *[Fo]ntanas* du *Liber Sacramentorum* est placé à côté de *Stabulas*, Les Tables de Trainel, et j'ai remarqué que les paroisses de notre manuscrit sont placées dans un ordre géographique à peu près régulier. De plus, il est bien certain qu'au xii° siècle, la cure de Fontaine-la-Gaillarde n'existait pas puisqu'en mai 1220, Pierre de Corbeil, archevêque de Sens, annula un accord intervenu entre Anseau de Saligny, chevalier, et Louis, curé de ce lieu, au sujet des dîmes de la chapelle de Fontaines, chapelle qui après la mort de Louis, devait être réunie à l'église-mère de Saligny : « ... Capella de Fontanis post mortem » dicti Ludovici in matrem ecclesiam transferrenda »[1].

---

1. *Archives de l'Yonne*, II. 199, et *Recueil de pièces*, p. 111. — Néanmoins, un accommodement dut intervenir quelques années après, car, en 1238, on voit qu'Anseau de Saligny avait doté un chanoine de St Jean de Sens, pour desservir l'église de Fontaine (*Archives de l'Yonne*, II. 199).

II

Dans la deuxième circonscription des paroisses du *Liber Sacramentorum*, celles qui étaient confiées à Flavius, « De ministerio Flavii », je relève outre l'erreur commise par Quantin dans le nom de l'archidiacre, et que j'ai déjà signalée, je relève deux autres erreurs commises par Geffroy, et après lui par Quantin. Ces savants ont écrit *Bradenas* au lieu de *Bradenai*, Brannay, et *Kymerei* au lieu de *Kyvirei*, Chevry-en-Sereine. Qu'il me soit permis, à ce sujet, de faire remarquer qu'avant de connaître le travail de M. Delisle, j'avais pressenti et signalé l'erreur commise par Geffroy et Quantin[1].

ADALSEI

Quantin et Guérard ont identifié cette paroisse avec la Borde-d'Arcis, ferme de la commune de Gravon, canton de Bray-sur-Seine, mais je crois avoir démontré, il y a quelques années déjà[2], qu'*Adalsei* qu'on trouve appelé *Alsiacus* en 786, dans un diplôme de Charlemagne[3]; *Alseium*, dans la translation des saints martyrs Georges et Aurèle[4], et

---

1. Paul Quesvers, *De Montereau à Château-Landon*, p. 66.

2. Id., *Deux noms de lieu disparus, Vieux-Marolles et Alsiacum*, Paris, Picard, 1888.

3. Dom Bouillart, *Histoire de l'abbaye de Saint-Germain-des-Prés*, pièces justificatives, p. xij. n° xiii.

4. *Acta sanctorum ordinis sancti Benedicti*, t. VI, pp. 45 et s.

Alsiacum dans le *Polyptique d'Irminon*, écrit au
ixe siècle, je crois avoir démontré, dis-je, qu'*Adalsei*,
est Marolles-sur-Seine, canton de Montereau-fault-
Yonne.

Tous les autres noms de lieu mentionnés dans la
deuxième circonscription sont bien identifiés, mais
il en est un que Quantin n'a pas identifié, c'est

SANCTUS HISPANUS

Cette paroisse dont le nom français devrait être S^t-
Épain, est, dans le *Liber Sacramentorum*, placée
entre *Bradenai*, Brannay, et *Dodolatus*, Dollot, et
comme surtout pour cette deuxième circonscription,
les paroisses sont placées dans un ordre géographique presque parfait, il faut chercher *Sanctus
Hispanus* dans les environs de Brannay et de Dollot.
Mais vainement, j'ai fait appel à tous les curés et à
tous les instituteurs de cette région, pour savoir s'ils
connaissaient une chapelle ou une croix consacrée à
saint Épain, un lieudit portant ce nom ou un nom
approchant; vainement, M. le chanoine Blondel a
posé la question dans la *Semaine religieuse du diocèse de Sens*, rien n'est venu éclaircir ce petit mys-
tère géographique. *Sanctus Hispanus* a changé de
nom bien certainement et il faut le chercher dans une
des nombreuses paroisses qui ne sont pas citées par
le *Liber Sacramentorum :* Lixy, Villebougis, Ville-
chavan, Vallery, Chéroy peut-être.

<h1 style="text-align:center">III</h1>

Dans la troisième circonscription, celle qui relevait du ministère de Frederadus, « de Ministerio « Frederadi », je relève une légère erreur de Geffroy et de Quantin qui ont écrit *Maxiniaco* au lieu de *Maximaco*, Marsangis, et je signale l'identification de

VILLANOVA

que Quantin place à Villeneuve-les-Genêts, canton de Bléneau, tandis qu'il est beaucoup plus rationnel de la placer à Villeneuve-la-Dondagre, *Villanova* étant, dans la liste, placée immédiatement après *Columberum*, Collemiers. De plus, Villeneuve-les-Genêts n'a été fondée qu'à la fin du xiiᵉ siècle, par Pierre de Courtenay, ainsi que le constate une charte de son fils Robert et de Mathilde, femme de ce dernier, de l'an 1219, rapportée par Quantin, d'après l'*Histoire générale de la maison de Courtenay*, par Dubouchet : [Presbyter] « novæ parrochiæ quam
» venerandus pater Petrus Dei gratia Senonensis
» archiepiscopus, ad instantiam piecum nostrarum
» et concessum domini Constantii, tunc temporis
» presbyteri de Campignoliis, in *villa* nostra *nova*
» juxta Campignolium fundavit'... »
Mais il est deux paroisses sur lesquelles j'appelle

---

toute l'attention de mes lecteurs : *Salsc* que Quantin n'a point identifiée et *Macerias* qu'il a identifiée avec Michery.

SALSC

Salsc donne étymologiquement *Salcy, Saucy, Saussay, Saussoy* et leurs dérivés. Mais je ne vois rien dans la région qui ressemble à aucun de ces noms, si ce n'est : Salcy, près de Gron, qu'on trouve mentionné sous le nom de *Chaleci* en 1197, dans une donation faite par Daimbert Carnifex à l'abbaye de Sainte-Colombe[1]; et Le Saussoy, canton de Cerisiers[2].

Ne pourrait-on voir dans ce mot, une erreur du scribe qui aurait, comme cela se voit quelquefois, placé l'*a* avant l'*l* et mal lu Flacy qu'on trouve mentionné, en 1023, sous le nom de *Flaceyus*, dans le contrat de mariage de Rainard II, comte de Sens[3].

Cette hypothèse est très hasardée, je le reconnais, et je la soumets humblement à l'appréciation des savants. Elle se trouve cependant un tant soit peu fortifiée par ce fait que, dans notre liste, *Salsc* est placé immédiatement avant *Bagnenl*, Bagneaux, et que Flacy et Bagneaux sont très rapprochés l'un de l'autre.

---

1. Quantin, *Cartulaire de l'Yonne*, t. II, p. 483.
2. Id., *Dictionnaire topographique de l'Yonne*.
3. Id., *Cartulaire de l'Yonne*, t. I, p. 164.

MACERIAS

Enfin, il est une dernière identification de Quantin que je ne puis admettre, c'est celle de *Macerias* en Michery, car d'excellentes raisons s'opposent, ce me semble, à cette identification.

D'abord, Michery est placé dans la partie du diocèse qui s'étend dans l'angle des voies romaines d'Orléans à Sens et de Sens à Riobe, et ce serait le seul exemple que fournirait notre triple liste, d'une paroisse placée dans un autre *ministère* que celui que lui assigne sa position géographique.

Ensuite, *Macerias* est un mot de la basse latinité très connu et très commun, le mot *maceries*, qui désignait les clôtures dont on entourait les vignobles; il a donné naissance aux innombrables Mazères, Maizières, Mazeray, Mazerolles et leurs dérivés qui existent en France.

Enfin, Michery était connu bien avant la rédaction du *Liber Sacramentorum*, car on le trouve écrit : *Misceriacus*, dès l'an 833, dans l'acte de translation du monastère de St Remi de Sens à Vareilles[1]; *Melsorius*, en 853, dans un diplôme de Charles le Chauve confirmant l'abbaye de St Remi dans ses possessions[2] et plus tard, en 1157, *Misseriacus* dans un privilège du pape Adrien IV pour l'abbaye de Ste Colombe[3].

---

1. Quantin, *Cartulaire de l'Yonne*, t. I, p. 39.
2. Dom Bouquet, *Recueil des Historiens de France*, t. VIII, p. 523, et *Gallia christiana*, t. XII, Instr. col. 10.
3. *Archives de l'Yonne*, H. 1 (Bibliothèque de Sens).

Je repousse donc absolument, tant qu'on n'aura pas trouvé un autre texte précis appliquant *Macerias* à Michery, l'identification proposée par Quantin. Mais où placer *Macerias?* Aucun pays au midi de Sens ne porte, que je sache, un nom qui puisse être dérivé de *Macerias.*

Ici encore, je propose une hypothèse très hasardée, mais qui va me permettre de dire quelques mots d'un pays que Quantin n'a pu identifier, par suite du changement radical de son nom ancien, complètement inconnu aujourd'hui : ce pays c'est Rozoy.

Le nom ancien de ce village est *Creeriæ* qu'on trouve quelquefois écrit *Creesiæ,* par suite du changement, très fréquent dans notre langue, de l'*r* en *s*[1]. On trouve *Creeriæ :*

En 1154, dans une vente faite par Salon de Courlon à l'abbaye de La Pommeraie : « apud *Creerias* »[2];

En 1193, dans une liste des hommes appartenant à l'abbaye de St Pierre-le-Vif : « Gilebertus de » *Creeriis* »[3];

En 1228, dans une adjudication du quart des dîmes de cette paroisse, faite par l'official au profit du Chapitre de Sens[4];

En juin 1239, dans une vente faite par Anseau de Charly et Alice, sa femme, au Chapitre de Sens, de tous les droits qu'ils avaient à Rouvray, Véron et *Creeriæ :* « quod habebant apud Rouvretum et

---

1. C'est ainsi que *Miriacum* a donné Misy, canton de Montereau, *Epiriacum*, Épisy, canton de Moret-sur-Loing.

2. Quantin, *Cartulaire de l'Yonne*, t. I, p. 517.

3. Id., *id. id.*, t. II, p. 456.

4. *Archives de l'Yonne*, G. 1276.

» Veronem, et alibi in parochiis de *Creeriis* et de
» Verone »[1];

En 1244, dans une donation par Thé... du Pré,
maître Jean et Étienne, son fils, d'héritages situés
« inter *Creerias* et Veronem »[2];

En 1271, dans une vente au Chapitre de Sens, par
Geoffroy de Hennot, de ses droits de cens à Véron
et à *Creeriæ*[3];

En 1370, dans un échange entre Jean de *Caiarco*,
chanoine de Sens, et l'abbaye de St Paul, de 50 s. de
rente, sur une maison et autres héritages situés à
Rouvray, « in parrochia de *Creesiis* »[4];

En 1462, enfin, dans une donation par Louis
Haguenier, de trois arpents de terre au finage de
Creeriæ, tenant d'un côté à la rivière d'Yonne[5].

Le vieux mot *Creeriæ* dut disparaître vers cette
époque, car les plus anciens Pouillés du diocèse de
Sens que je connaisse, le *Ms. 10,941*, fonds latin de
la Bibliothèque nationale et le Pouillé conservé aux
Archives de l'Yonne, G. 224, donnent : le premier,
« *Cresees*, alias Roseium », et le second, « *Crecies*
» alias de Roseto ». Le nom devait déjà même être
presque oublié à cette époque, car le scribe a très
lisiblement écrit *Trecies* au lieu de *Crecies*.

Je reviens à *Macerias* dont je parais m'être bien

---

1. *Archives de l'Yonne*, G. 1318, et *Recueil de pièces*, p. 207.

2. *Id. id*, H. 482.

3. *Id. id.*, G. 1388.

4. *Id. id.*, H. 478. — Cet acte détermine exactement dans quelle
paroisse se trouvait Rouvray, lieu détruit que Quantin, dans son *Dictionnaire topographique de l'Yonne*, a cru être dans la commune de
Véron.

5. *Archives de l'Yonne*, H. 478.

éloigné et je pose cette hypothèse qu'à l'avance j'ai prudemment annoncée comme très hasardée :

Macerias et *Creerias* n'ont-ils pas un certain air de famille? Une erreur n'a-t-elle pu être commise, par le scribe, dans les premières lettres du mot? Enfin, *Macerias* ne serait-il pas tout simplement *Creerias*, l'ancien nom de Rosoy?

J'espère que ces observations un peu arides n'auront point été inutiles, car je suis convaincu que, grâce à la connaissance spéciale que les savants du Sénonais ont du pays qu'ils habitent, ils pourront élucider certaines des questions que j'ai posées dans ce petit travail.

SCEAU DE JEHAN CORNU, ARCHIDIACRE DE SENS

.... Ioh^{is} Cornuti archidiaconi Senon.

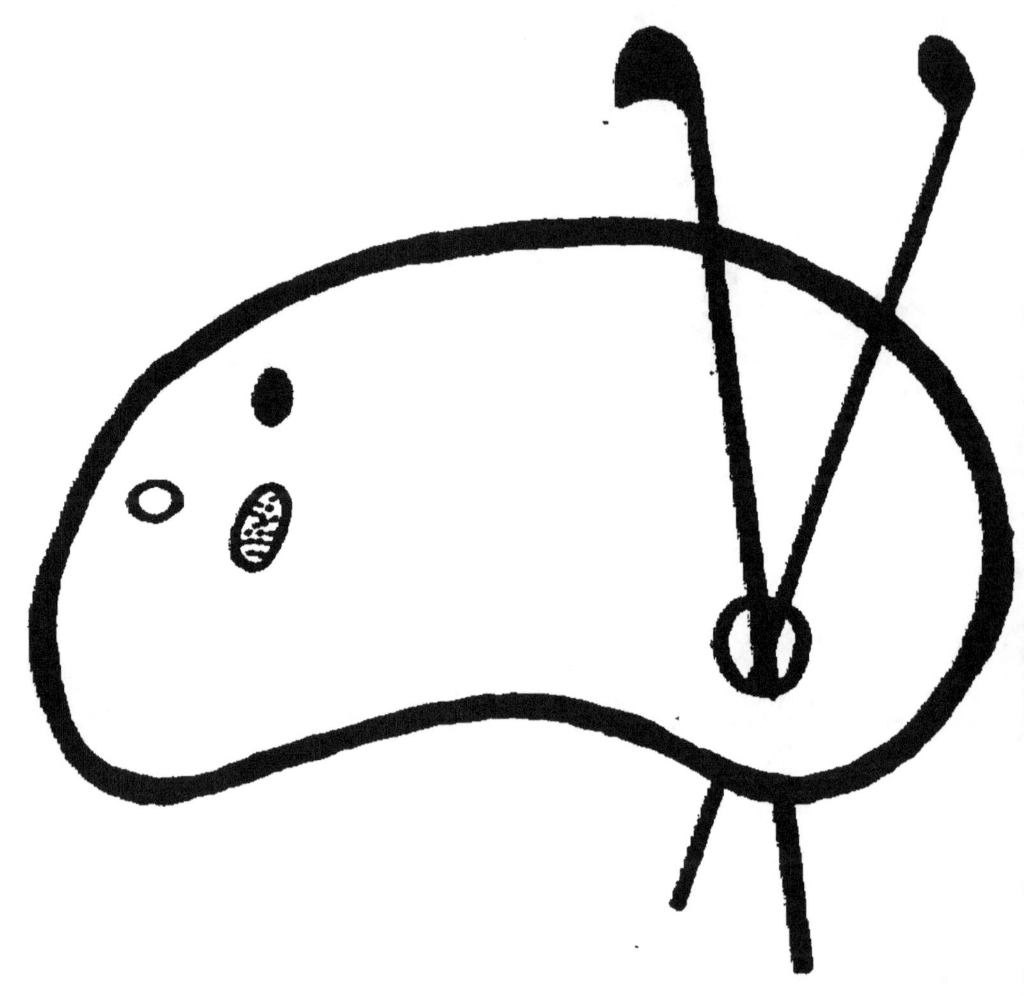

ORIGINAL EN COULEUR

NF Z 43-120-8